AF305826

1897 - Octobre 28

VENTE

Des Jeudi 28 et Vendredi 29 Octobre 1897

HOTEL DROUOT, SALLE N° 11

A deux heures un quart

MOBILIER ANCIEN

ÉPOQUES

Louis XV, Louis XVI

ET

PREMIER EMPIRE

Tableaux

OBJETS D'ART

Livres

M° F. ALBINET	**M. A. BLOCHE**
Commissaire-Priseur	*Expert près la Cour d'appel*
51, Rue Maubeuge, 51	28, Rue de Châteaudun, 28

EXPOSITION PUBLIQUE

Le Mercredi 27 Octobre 1897

DE 2 HEURES A 6 HEURES

IMPRIMERIE ARTISTIQUE

———

E. MENARD & Cie

Bureaux et Ateliers : Paris — 8, Rue Milton

CATALOGUE

D'UN BEAU

MOBILIER ANCIEN

ÉPOQUES

Louis XV, Louis XVI

ET

PREMIER EMPIRE

Salons, Boudoir, Chambres, Cabinet de travail et autres pièces

PIANO DE PLEYEL. TENTURES. TAPIS

OBJETS D'ART

Bronzes, Marbres, Porcelaines, Cristaux, Orfèvrerie

LIVRES, PARTITIONS, TABLEAUX, GRAVURES

Dessins, Miniatures, Objets divers

DONT LA VENTE AURA LIEU

HOTEL DROUOT, SALLE N° 11

Le Jeudi 28 et Vendredi 29 Octobre 1897

A DEUX HEURES 1/4

M' F. ALBINET	**M. A. BLOCHE**
COMMISSAIRE-PRISEUR	EXPERT PRÈS LA COUR D'APPEL
51, Rue de Maubeuge, 51	28, Rue de Châteaudun, 28

Chez lesquels se distribue le présent Catalogue

EXPOSITION PUBLIQUE

Le Mercredi 27 octobre 1897, de 2 heures à 6 heures

CONDITIONS DE LA VENTE

La vente sera faite *expressément* au comptant.

Les acquéreurs payeront en sus des adjudications *cinq pour cent*.

L'exposition mettant le public à même de se rendre compte de l'état des objets, il ne sera admis aucune réclamation une fois l'adjudication prononcée.

Paris. — Imp. artistique E. Ménard & Cie, 8, rue Milton.

DÉSIGNATION

Mobilier

1 — Bel ameublement de salon en acajou, accotoirs à bustes de femmes ailées en bois doré, bordure à thyrses de laurier en bronze doré, couvert en soierie rayée jaune, composé d'un canapé, deux fauteuils et deux chaises. Époque du Ier Empire.

2 — Guéridon sur trois pieds en acajou garni de bronzes dorés à têtes de Mercure, dessus en marbre gris. Époque du Ier Empire.

3 — Table rectangulaire en acajou garnie de deux rosaces en bronze doré. Époque du Ier Empire.

4 — Console en acajou à fond de glace, garnie de bronzes dorés, dessus en marbre gris. Ier Empire.

5 — Ameublement de salon en bois sculpté et rechampi de blanc à rosaces, feuilles d'acanthe et chutes de fleurs, couvert en soierie fond rose, rayée blanc, brochée à festons fleuris. Louis XVI.

6 — Console en bois sculpté et peint blanc à perlés, rais de cœur et guirlandes de fleurs, pieds reliés par un croisillon surmonté d'un vase fleuri. Époque Louis XVI.

7 — Bergère en bois sculpté et doré, couverte en soierie crème. Style Louis XVI.

8 — Fauteuil en bois sculpté à têtes de béliers, piécettes enfilées, couvert en soierie verte rayée noir. Fin Louis XVI.

9 — Fauteuil de bureau tournant en acajou, couvert de velours vert.

10 — Vide-poche en acajou orné de bronzes. Ier Empire.

11 — Console en acajou garnie de bronzes dorés à tablettes avec assiettes en porcelaine d'Allemagne, dessus en marbre. Ier Empire.

12 — Table support en acajou avec ornements en bronze, dessus en marbre blanc. Ier Empire.

13 — Bureau de dame en bois de rose et palissandre à cylindre et orné de glaces, garni de bronzes. Louis XVI.

14 — Table support en acajou avec tablette en marbre gris. Ier Empire.

15 — Deux gaines en marbre blanc sculpté.

16 — Petite console d'entredeux avec sa glace-trumeau en bois sculpté, peint blanc rehaussé d'or à corbeilles, animaux et trophées de musique, dessus en marbre griotte. Époque Louis XVI.

17 — Piano droit en palissandre noirci, de la maison Pleyel.

18 — Casier à musique en bois sculpté, peint blanc. Style Louis XVI.

19 — Paravent à quatre feuilles en bois sculpté, peint blanc à rehauts d'or, panneaux en ancienne soierie brochée et tissée d'or et d'argent à grands festons de fleurs et de fruits.

20 — Deux paravents en satin crème brodé de soie à bouquets de fleurs.

21 — Meuble à hauteur d'appui en acajou garni de moulures en cuivre, dessus en marbre bleu turquin. Époque Louis XVI.

22 — Joli petit bureau en acajou garni de bronzes ciselés et dorés, le haut à fond de glace, supporté par deux cariatides de femmes en biscuit, est orné d'un groupe en ancienne porcelaine de Paris formant écritoire et deux flambeaux forme Amours en bronze doré. Époque du Ier Empire.

23 — Guéridon en acajou à filets de cuivre, dessus en mosaïque, pieds en bois sculpté et doré à têtes d'animaux et reliés par une tablette en marbre bleu turquin. Époque du Ier Empire.

24 — Canapé fauteuil et chaise couverts en drap vieux rose garni d'applications de drap.

25 — Armoire normande en bois sculpté, fronton
à corbeille, portes garnies de glaces biseautées.
Époque Louis XVI.

26 — Meuble à deux corps, le haut formant
vitrine en bois sculpté rehaussé d'or. Époque
Louis XIV.

27 — Porte-parapluies en acajou sculpté à têtes
de cygne et de lions, pieds à griffes, garni de
bronzes ciselés et dorés à renommées, chi-
mères et carquois. Époque Ier Empire.

28 — Petit bureau pupitre en palissandre, tiroir
en marqueterie de bois, pieds à cannelures.

29 — Table en bois, pied tors, dessus en reps
bleu.

30 — Six chaises en bois sculpté à rehauts d'or,
dossier ajouré, foncées de canne dorée.

31 — Deux fauteuils en bois sculpté, foncée de
. canne, avec coussin en reps bleu. Époque
Louis XIV.

32 — Fauteuil en bois sculpté foncée de canne dorée, avec coussin en damas de soie rouge. Époque Louis XIV.

33 — Dressoir en bois noir sculpté, le haut à étagères.

34 — Petite commode Louis XV ouvrant à deux tiroirs en vernis Martin, dessus en marbre blanc.

35 — Deux chaises légères en bois sculpté, couvertes on étoffe bleue.

36 — Table de salle à manger en bois sculpté.

37 — Chiffonnier ouvrant à sept tiroirs en bois orné de bronzes. Louis XVI.

38 — Deux petites consoles en bois sculpté et doré, bandeaux ajourés à guirlandes, dessus en marbre violet du Languedoc. Style Louis XVI.

39 — Horloge bois laqué, décor dans le goût chinois, surmonté d'une figure allégorique du Temps en bronze. XVIIIe siècle.

40 — Bibliothèque d'angle en bois noir sculpté à colonnettes cannelées. Style Louis XVI.

41 — Secrétaire en acajou, panneaux des portes en laque fond noir, dessus en marbre gris. Époque Louis XVI.

42 — Bibliothèque en acajou, panneaux du bas en laque, garnie de moulures de cuivre. Époque Louis XVI.

43 — Bibliothèque en bois noir sculpté à colonnettes cannelées.

44 — Casier à musique en bois peint à personnages.

45 — Beau lit de milieu Louis XVI en bois sculpté et rehaussé d'or à nœud de rubans, guirlandes de roses et masque, flanqué de colonnettes cannelées ornées de feuilles d'acanthe, foncé de damas de soie vieux rose, dessin ton sur ton; accompagné de son baldaquin en bois sculpté et rideaux en même étoffe.

46 — Dessus de lit en guipure, dessin à entrelacs fleuris.

I.

47 — Chaise longue en bois sculpté à petits perlés couverte en soierie mauve rayée et brochée à fleurs. Époque Louis XVI.

48 — Deux fauteuils en bois sculpté rehaussés d'or par parties, couverts en même soierie.

49 — Trois chaises en bois peint vert à filets dorés.

50 — Commode ouvrant à trois tiroirs ornés de vieux laque à volatiles, garnie de bronzes, dessus en marbre blanc. Époque Louis XVI.

51 — Meuble d'entre-deux à hauteur d'appui en bois de rose, la porte du milieu vitrée, celles de côté en laque fond d'or à ibis, orné de bronzes ciselés et dorés, dessus en brocatelle d'Espagne. Style Louis XVI.

52 — Petite table console en bois de rose et palisandre, garnie de bronzes, dessus en marbre. Style Louis XVI.

53 — Deux petites tables même modèle, dessus en brèche d'Alep.

54 — Coffre-fort en fer peint, dessus en marbre blanc, de la maison Petitjean.

55 — Guéridon en acajou garni de bronzes dorés, pieds en bois peint vert, dessus en laque de Perse. Ier Empire.

56 — Petite table en bois d'acajou garni de bronze doré, pieds en bois peint vert reliés par une tablette supportant une urne en bronze vert et bronze doré. Ier Empire.

57 — Servante en acajou garni de cuivre. Fin Louis XVI.

58 — Tabouret en bois incrusté de burgau. Travail du Maroc.

59 — Petite table avec tiroir formant bureau en marqueterie de bois rose et citronnier, pied à sabots rocailles en bronze, forme Louis XV.

60 — Beau lit Louis XV en bois sculpté à rocailles, panneaux garnis d'étoffe fond rouge.

61 — Grand cabinet en bois noir sculpté.

62 — Beau cabinet en bois laqué.

63 — Table de salon en palissandre et marqueterie, ornée de bronzes.

64 — Armoire basse en citronnier à quatre tiroirs
à l'intérieur.

65 — Lampe de parquet nickelée avec tablette en
onyx d'Algerie.

66 — Deux consoles Louis XVI, en bois sculpté
et doré, bandeaux ajourés, dessus en marbre
brocatelle.

67 — Coffre en cuir, couvercle bombé garni de
clous en cuivre. Époque Louis XIII, socle en
velours rouge.

68 — Vitrine en noyer sculpté, rehaussé d'or à
fond et tablettes de glace. Style Louis XV.

69 — Commode en marqueterie de bois, dessus
en marbre. Louis XVI.

70 — Toilette en bois sculpté, dessus en marbre
blanc. Époque Louis XV.

71 — Grande armoire normande en bois sculpté. Époque Louis **XIV**.

72 — Armoire en bois sculpté, ouvrant à une porte. Louis **XV**.

73 — Secrétaire en marqueterie de bois, à damiers, garni de bronzes.

74 — Deux lits en pitchpin, incomplet.

75 — Plusieurs meubles en pitchpin.

76-80 — Meubles courants.

Objets d'Arts

81 — Belle statuette en marbre blanc, représentant un roi assis, portant les insignes du Saint-Esprit et appuyé sur une armure. Époque Louis **XV**.

82 — Très joli buste en marbre : *La Dubarry*, d'après Pajou.

83 — Jolie statuette de nymphe couchée, allégorie de *La Source*, d'après CLODION, sur socle en bronze doré.

84 — Jolie pendule en bronze ciselé et doré à rocailles et attributs de musique. Style Louis XV, cadran signé BRÉGÈRE.

85 — Groupe en bronze : *La Poésie*, ה RANCOULET.

86 — Paire de petits vases avec couvercle en bronze ciselé et doré, à sujet mythologiques, socles marbre rouge griotte. Style Louis XVI.

87 — Paire de grands candélabres à sept lumières, en bronze vert et doré. Époque Iᵉʳ Empire.

88 — Paire de flambeaux en bronze doré. Époque Iᵉʳ Empire.

89 — Pendule en bronze doré, surmontée d'un personnage allégorique, couronné de lauriers, Époque Iᵉʳ Empire.

90 — Grand groupe de sept figures en biscuit,
représentant une allégorie : la vertu récom-
pensée.

91 — Deux figurines porte-bouquets en biscuit.

92 — Beau groupe : *Personnage assis avec dra-
gon menaçant*, en grès émaillé du Japon.

93 — Aiguière à vin, cristal gravé, monture ar-
gentée et ciselée.

94 — Quatre porte-bouteilles argentés et re-
poussés, dessin à rocailles.

95 — Service à liqueurs forme tonnelet sur cha-
riot, avec six verres argentés.

96 — Quatre réchauds et deux cloches argentés.
Ier Empire.

97-98 — Deux paires d'appliques en bronze,
forme dragons à trois lumières, système à gaz.

99 — Petite garniture de cheminée en bronze
ciselé et doré, à amours et guirlandes com-

posée d'une pendule et de deux candélahres à deux lumières. Style Louis XVI.

100 — Paire de vases en porcelaine de Chine, décor à cartels de personnages.

101 — Statuette en terre cuite peinte : *Apollon*.

102 — Potiche en faïence de Delft, décor en bleu.

103 — Coupe en laque du Japon, fond aventuriné, décor aux papillons.

104 — Pendule en acajou garnie de bronzes dorés, cadran surmonté d'un aigle en bronze vert. Époque Ier Empire.

105 — Deux vases en porcelaine de Paris, fond blanc à rehauts d'or, anses à tête d'homme. Epoque Ier Empire.

106 — Lustre en bronze doré, garni de cristaux. Époque du Ier Empire.

107 — Vase à anses en métal argenté. 1er Empire.

108 — Écritoire en bronze, socle en marbre jaune de Sienne. Ier Empire.

109-110 — Trois paires d'appliques en bronzes à têtes de sphinx, rinceaux et draperies Louis XVI.

111 — Baromètre avec cadre en bois sculpté et doré à nœuds de rubans. Époque Louis XVI.

112 — Petite console d'applique, en bois sculpté et doré à amours dans des rocailles.

113 — Groupe en porcelaine de Saxe : *le Concert champêtre.*

114 — Paire de chenêts en bronze, représentant un lion et une lionne couchés sur des terrassements près de vases drapés. Style Louis XVI.

115 — Vase en barbotine avec fleurs en relief, socle en bois.

116 — Deux bustes en plâtre teinté bronzé vert : *Racine et Molière.*

117 — Vase en albâtre sculpté, anses mufles de lions en bronze doré. Ier Empire.

118 — Pendule en marbre blanc garnie de bronzes, mouvement supporté par deux sphinx ailés, le bas avec bas-relief à jeux d'enfant. Ier Empire.

119 — Paire de flambeaux en métal argenté forme colonne, à chapiteau corinthien. Époque Ier Empire.

120 — Paire de vases en ancienne porcelaine de Paris fond vert à cartels de fleurs, anses forme cygnes. Ier Empire.

121 — Statuette en marbre : *l'Innocence.*

122 — Porte-bouquet forme plateau en marqueterie de bois, garni de bronzes et de trois vases en cristal.

123 — Deux cornets en faience blanche à rehauts d'or. Ier Empire.

124 — Deux vases en porcelaine et biscuit, fond bleu à rehauts d'or. Ier Empire.

125 — Groupe en bronze : *l'Aigle impérial protégeant le Roi de Rome*, signé FULLER.

126 — Petite console d'applique en bois sculpté à têtes de satyres.

127 — Groupe en biscuit de Sèvres : *Le Prince impérial, de Carpeaux*. Socle en bois noir.

128 — Deux vases en porcelaine de Paris, fond rouge à fleurs.

129 — Vase en porcelaine de Paris, décor à feuilles de lierre sur fond d'or.

130 — Lustre à six lumières en bronze doré, forme carquois. Style Louis XVI.

131 — Paire d'appliques à deux lumières, même modèle.

132 — Paire de chenêts en bronze : *Lions couchés*, Ier Empire.

133 — Groupe en porcelaine d'Allemagne : *les œufs cassés*.

134 — Socle d'applique en bois sculpté et doré à coquilles. Style Louis XIV.

135 — Lustre à six lumières orné de cristaux de couleur.

136 — Buste en marbre : *La Vierge*, XVIIe siècle.

137 — Paire de vases en tôle peinte. Époque Louis XVI.

138 — Tête à tête en porcelaine d'Allemagne à petits personnages.

139 — Bol en porcelaine de Chine à petits personnages.

140 — Statuette de femme couchée en terre cuite : *La source*, de CLODION.

141 — Vase en verre de Venise à dauphins.

142 — Buste en marbre : *Napoléon Ier*.

143 — Grande cassolette avec couvercle du Japon, décor polychrome et or.

144 — Sucrier et couvercle de Chine à fleurs et lambrequins.

145 — Sept pièces de service à thé, en porcelaine du Ier Empire, décor à rehauts d'or.

Objets de vitrine

146 — Petite figurine en porcelaine d'Allemagne : *Enfant pleurant*.

147 — Coupe en bronze doré, socle en marbre vert. Ier Empire.

148 - Statuette en bronze : *Napoléon Ier*.

149 — Deux vases en cristal taillé, pieds en argent.

150 — Étui en ivoire sculpté et ajouré.

151 — Petit bonbonnière en buis sculpté couvercle représentant la Descente de croix.

152 — Amour couché dans une coquille, en ivoire sculpté.

153 — Petite boîte en émail de Saxe à fleurs.

154 — Boîte ronde formée par deux pièces de monnaie anciennes en argent.

155 — Deux petites statuettes en porcelaine d'Allemagne : *Les danseurs*.

156 — Petite statuette en porcelaine de Saxe : *Paysanne.*

157 — Groupe en porcelaine d'Allemagne : *Enfants à la couronne.*

158 — Deux bougeoirs en argent ciselé à petits personnages. Style Renaissance.

159 — Deux miniatures : portraits d'homme et de femme, cadre en bronze.

160 — Miniature ronde sur ivoire : portrait de l'Impératrice Joséphine. Ier Empire.

161 -- Miniature portrait d'officier. Signé : Au-
BRY 1808.

162 — Deux miniatures ovales : portraits d'homme
et de femme, cadre en bronze. Style
Louis XVI.

TABLEAUX

AQUARELLES, GRAVURES

163 — BERTAL. *Le sportsman et l'homme en habit*
Deux aquarelles.

164 — BERTRAND (JAMES). *La cigale chantant
à la lune.*

165 — BROUTELLES (DE). *Marines.* Deux pendants.

166 — BOMBLED (LOUIS). *Chevauchées de Wal-
kyries.*

167 — *Lion et lionne au repos.*

168 — BONNEFOY (Henry). *Les Moissonneurs.*

169 — *Troupeau au bord de la mer.*

170 — *Vase de fleurs.*

171 — *Intérieur de forêt.*

172-173 — CONDAMY (DE). *Officiers causant à des dames.* Deux aquarelles se faisant pendants.

174 — CONDAMY (DE). *Le Gentleman-Rider.* Aquarelle.

175 — DREUX (Alfred DE). *Amazone et cavaliers sous bois.* Signé à droite.

176 — FORAIN. *La rentrée du cercle.* Étude.

177 — FUGORD. *Un trois-mâts en pleine mer.* Dessin.

178 — GIRARD (Firmin). *Le Garde municipal a cheval*.

179 — GOUGELET. *Dans les blés*. Panneau décoratif.

180 — GUDIN. *L'Albatros*.

181 — GAVILLET (Charles). *La petite Cigale*. Joli pastel.

182 — *Le petit Pippo*. Aquarelle forme éventail.

183 — HUMBER (F.). *Portrait de femme*. Étude.

184 — JACQUET (G.). *Portrait de femme*. Sanguine.

185 — JACQUET (G.) *Jeune fille sur la balançoire* Aquarelle.

186 — J. C. *Tête de chien*. Quatre études dans un même cadre.

187 — MASCART. Vue de ville dans un pays montagneux arrosé par un fleuve.

188 — MÉRY (ALFRED). *La Volière*.

189 — *Les trois âges*. Intérieur de basse-cour.

190 — *Corbeille de fleurs*. Aquarelle.

191 — PANINI. Palais d'Italie animé de nombreuses figures.

192 — PETIT (ALEXANDRE). *Bouvier conduisant une vache blanche*.

193 — *Vaches au pâturage*.

194 — RUBENS (D'après). *Le réveil de Vénus*.

195 — SWINTON (JAMES). *Portrait de femme*. Dessin rehaussé de couleur.

196 — VOILLEMOT (CH.) *Femme jouant du xilophone*. Étude.

197 — VAN HARP. (D'après). *A Flemish Enter-tainment*. Belle gravure par William Walker.

198 — ÉCOLE ALLEMANDE. *Femme assise dans un parc*. Peinture sous vernis de Brunswick.

199 — ÉCOLE ANGLAISE. *Scènes de chasse*. Quatre gravures.

200 — ÉCOLE ANGLAISE. *Officier de Marine*.

201 — ÉCOLE FRANÇAISE. *La femme au chien*.

202 — ÉCOLE FRANÇAISE. *Bonaparte*. Gravure en couleur.

203 — ÉCOLE FRANÇAISE. *Mère et fils*. Grande miniature.

204 — ÉCOLE FRANÇAISE. *Petite fille à la cor-beille*. Miniature.

205 — ÉCOLE FRANÇAISE. *Nymphe et amours*.

206-207 — ÉCOLE FRANÇAISE. *Napoléon I*er et *Napoléon III*. Deux gravures.

208 — ÉCOLE MODERNE. *Femme assise*. Dessin à la plume.

209 — ÉCOLE MODERNE. *La basse-cour*. Aquarelle.

210 — ÉCOLE MODERNE. *Paysage*. Aquarelle.

211 — ÉCOLE MODERNE. *Le griffon*. Aquarelle.

212 — Huit dessins et aquarelles dans deux cadres.

Livres

213-229 — Nombreux volumes reliés et brochés, romans, histoire, théâtre, poésies, etc., parmi lesquels les œuvres de Voltaire, Corneille, Racine, Montesquieu, Lamartine, Lord Byron, Musset, Victor Hugo, François Coppée, etc.

230 — Livres anciens.

231 — Partitions et morceaux de musique.

Tentures, Tapis

232 — Décor de baie en soie bleue pâle garnie d'application de soie jaune et de franges et passementeries assorties.

233 — Décor de baie en velours jaune garni d'applications de soie. Style Ier Empire.

234 — Tapis de table analogue.

235 — Deux décors de croisées, deux portières et un décor de glace en soierie rose rayée, garnis de franges et passementeries assorties.

236 — Carpette du Daguestan.

237 — Quatre tapis en moquette rouge à petits dessins bleus et verts.

238 — Grande tenture en soie brodée.

239 — Objets divers non catalogués.